Le Petit Ours
et
Le Gros Ours

Le Petit Ours et Le Gros Ours

Écrit et illustré par Monica Dumont

À ma précieuse, Dhara
avec amour de tatie.
Et à tous les autres merveilleux enfants de ma vie.

Il était une fois un gros ours
grognon et un petit ours heureux

Qui vivaient loin, loin dans la forêt.

Le gros ours grognon grognait et marchait toujours d'un pas lourd en faisant tout ce que les gros ours font pendant la journée.

GRRR...

GRRR...

GRRR...

BOUM!

BOUM!

BOUM!

BOUM!

Le petit ours était toujours heureux alors
qu'il faisait tout ce que font les petits ours.

Un jour le petit ours s'en
alla jouer près du ruisseau.
Il s'aperçut que le gros ours était là lui aussi,

mais au lieu de jouer, tout ce qu'il faisait c'est grogner et marcher d'un pas lourd.

Le petit ours décida de regarder
de plus près pour voir
ce qui se passait et il vit
que le gros ours était tout
emmêler dans sa corde à danser.

Il s'aperçut alors que plus le gros ours grognait et frappait ses pattes au sol, plus il s'emmêlait.

Il s'approcha plus près du gros ours
et demanda s'il pouvait l'aider.

Mais le gros ours avait l'impression que peut-être personne ne pouvait l'aider car les choses étaient toujours tellement difficiles.

Le petit ours le regarda droit dans les yeux et lui dit : « Les choses sont ce qu'elles sont, mais elles changent toujours »

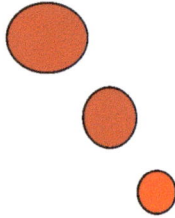

« Ce que je fais, » dit le petit ours,
« c'est que chaque fois que
je me sens frustré, je m'arrête. »

« Je m'en vais faire autre chose.
Puis je reviens et recommence du
début, une étape à la fois »

Le gros ours sourit pour la première fois depuis longtemps, longtemps.

Et tous les deux ils apprirent une nouvelle
façon de sauter à la corde.

Fin

Le Défi du Livre:

Comme le gros ours, peux-tu toi aussi trouver une meilleure façon d'aborder des situations en changeant la manière dont tu les vois.

Étape 1: Demande à un parent, tuteur ou un adulte que tu aimes de t'aider à trouver dans ta vie trois situations où tu t'es sentit mal quand elles sont arrivées. Ensuite, discute de comment elles se sont améliorées avec le temps.

Étape 2: Maintenant pense à une situation que tu voudrais améliorer dans ta vie.

Étape 3: Parles avec ton ami adulte de la façon dont la situation que tu as identifiée à l'étape 2 s'améliorera dans le future, **petit peu par petit peu.**

Étape 4: Utilise le plan étape par étape pour cocher chaque étape quand tu les as terminées.

Veuillez prendre note :
Cet exercice est destiné à aider les parents à créer des liens avec leur enfant, et à aider leur enfant à développer de nouvelles compétences pour faire face à la vie quotidienne. Il ne vise pas à être utilisé en tant qu'une forme de thérapie.

Mon plan étape par étape 1

_____

_____

_____

_____

_____

_____

_____

_____

Mon plan étape par étape 2

_____

_____

_____

_____

_____

_____

_____

_____

_____

_____

_____

_____

_____

Mon plan étape par étape 3

_____

_____

_____

_____

_____

_____

_____

_____

_____

_____

_____

_____

Colorie nous

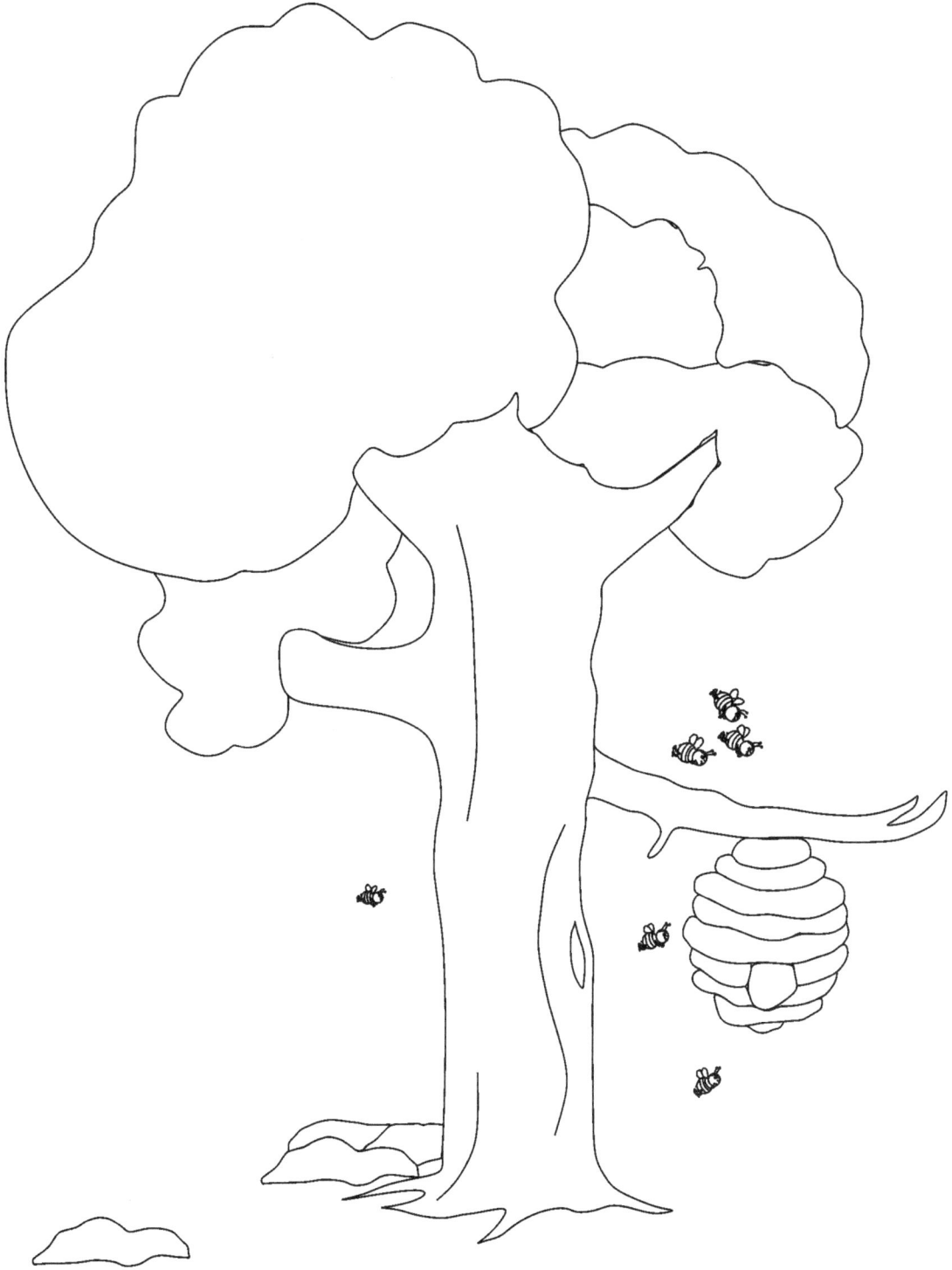

www.ingramcontent.com/pod-product-compliance
Lightning Source LLC
Chambersburg PA
CBHW061355090426

42739CB00002B/32

9 780099 176117 3